趕走焦慮小怪獸

20 種有效的塗寫活動，
陪孩子克服上學、交友、課業的焦慮與不安

波比‧歐尼爾 —— 著

Poppy O'Neill

U0079757

DON'T WORRY, BE HAPPY

A CHILD'S GUIDE TO DEALING WITH FEELING ANXIOUS

Don't Worry, Be Happy

目錄
Contents

Part 1　焦慮感是什麼？

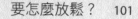

亞曼達・艾胥曼—溫布斯
（Amanda Ashman-Wymbs），
英國輔導及心理治療協會合格
認證之心理治療師與諮詢師

我有兩個女兒，也在公部門和私部門為年輕個案提供諮詢療程超過十年，因此我很清楚焦慮感在孩童與社會中有多麼普遍。要理解症狀與成因、知道可以去哪裡求助、以及面對這些感受和行為時該怎麼辦——對孩子和家長來說，這一切都讓人困惑、無助。

波比・歐尼爾（Poppy O'Neill）所著的《趕走焦慮小怪獸：20 種有效的塗寫活動，陪孩子克服上學、交友、課業的焦慮與不安》是一本簡單又有趣的習作本，孩子可以自行完成，也可以在家長或照護者的協助下完成。這本書搭配範例演練，以清楚的格式解釋焦慮的感受、想法和經歷，讓孩子可以輕鬆理解，並運用好上手的方式來克服焦慮感。

我特別喜歡這本書運用力量強大的正面肯定句，能在孩子心中留下深刻的印象，還有列舉其他小朋友的親身案例，讓孩子可以知道其他小孩是如何面對焦慮感的。很多時候，孩子會以為只有他們在經歷這些恐懼，若他們知道別人也一樣，那麼孩子會放寬心許多。

以焦慮感為基礎的感受和想法，通常和未來可能發生的事情有關，書中有關正念的介紹，對於學習如何管理和克服這些症狀極為實用——孩子愈能透過呼吸、身體和感官與當下體驗的實相連結，就愈能自然地學會如何再度回復平靜和快樂。

這是一本人人都該必備的精采自助手冊，一起來支持孩子度過焦慮、難熬的日子。

給家長和照護者的指南

《趕走焦慮小怪獸：20 種有效的塗寫活動，陪孩子克服上學、交友、課業的焦慮與不安》是一本適合處理孩子焦慮感的實用指南。本書以兒童心理學家所開發的認知行為治療方法為基礎，透過簡單的練習活動、搭配鼓勵的文字為孩子打氣，可以協助小朋友克服焦慮的念頭和感受。

焦慮感是我們演化而來的現象，打從人類發展之初，還在穴居時期就需要充分的警覺心來預防潛在威脅，才能順利活下來而不會被劍齒虎生吞活剝。對現代人來說，焦慮感還是可以協助我們做出合理的決定，避免危險的情況發生。儘管焦慮的感受很常見、很普遍，但焦慮感若開始影響正常的作息和生活，還是會出問題。

我們都有煩惱——有些是大煩惱、有些是小煩惱，你的孩子也可能比其他同齡的孩子更容易煩惱或感受到恐懼。有時候，不管你怎麼努力安撫他們，這些思緒還是會一直占據他們心頭。焦慮感棘手之處，在於它不一定符合邏輯：焦慮感可能來自很實際的煩惱，也可能來自很不切實際的擔憂，但是小孩很難將它們說清楚，也很難擺脫這種感覺。

你或許還記得自己小時候經歷過分離焦慮——小小孩要離開家長或照護者時都會很黏人、愛哭。分離焦慮是一種正常且健康的發展過程，不過焦慮感會以多種方式呈現。有時候，孩子不管發展到哪個階段，始終都很焦慮，還會給孩子帶來過多的痛苦。

這本書專門為六至十二歲的孩子而寫，這個年齡層的小孩開始會有很多煩惱。成績與考試、朋友間的小圈圈、身體的變化、開始在意自己和他人的外在魅力等，這些全新的體驗經常讓孩子不知所措。加上這年紀的孩子可能開始使用社群媒體，他們對於新聞、媒體和這個世界的覺知才正要開始發展，難怪會焦慮。

✿ 焦慮的徵兆

若想知道孩子是不是正在承受焦慮的問題，可以看看他們有沒有這些現象。有些孩子會持續表現出這些行為，有些孩子只會在特定狀況下才有這些徵兆：

- 不願意嘗試新事物。
- 似乎無法面對日常挑戰。
- 很難專心。
- 沒辦法好好吃、好好睡覺。
- 容易爆發怒氣。
- 腦中一直被多餘的念頭打擾，又揮之不去。
- 過度擔心壞事會發生。
- 迴避日常活動，像是上學、出門、見朋友。

當你注意到孩子有上述任何一種行為時就記錄下來：他們當時在哪裡？在這些現象出現之前發生什麼事？或即將發生什麼事？這樣一來，你就能釐清是哪些狀況導致你的孩子有焦慮感。

請記得，對孩子來說，要開口討論焦慮感並不容易，但協助他們面對煩惱永遠不嫌晚。

✱ 談心不煩心

當孩子受焦慮所苦時，大人難免會想要保護他們，不想讓孩子經歷他們所擔憂的事情，所以可能會下意識地對孩子說：「如果那場活動讓你很煩，就不要去了。」可是這樣一來，孩子得到的訊息是：有焦慮感就表示他們無法完成那件會挑戰他們的事情。

和孩子談談很重要，在對話的過程中，請用冷靜的方式探討各種情境，才能真正進入煩惱的核心。把注意力放在解決方案與實際的結果上，而不是想著哪些事情會出錯。支持孩子，讓他們知道你很重視他們，也會和他們一起解決問題。對孩子來說，學會如何有效地面對負面想法與負面感受很重要，這樣他們才能獨立、自信的成長。

✿ 準備開始

引導你的孩子完成書中的章節和練習活動——每週一次或間隔幾天也可以，只要一次完成一個練習活動就行了。或者讓你的孩子決定節奏並自行完成這些練習——這很重要，因為在培養孩子獨立的過程中，你需要讓他們知道他們可以自己面對挑戰。這些練習活動經過設計，能讓孩子自行思考他們面對煩惱的方式，同時又提供他們工具，來覺察並克服焦慮感。

當你的孩子感覺自己很冷靜且是有能力時，他們就有更充分的準備來迎接日常生活的挑戰。請一定要讓小孩知道你很支持他們，就算他們的煩惱在你的眼中可能很微不足道，你也會認真看待他們的煩惱。協助他們建立新的習慣來獨立處理問題，看著他們的信心日漸增長。

這本書的目標是要協助你和你的孩子理解並面對焦慮的念頭與感受。不過，如果你很在意孩子的心理健康，而書中的內容對你來說還不夠的話，可以進一步諮詢專業醫療人員的建議。

如何使用這本書：給孩子的指南

如果你常常……

· 緊張、煩惱、害怕

· 有些可怕的念頭在腦中揮之不去

· 因為一些煩惱而不想離開爸媽或照顧你的人

· 因為一些煩惱而感覺疲倦或身體不舒服

· 因為一些煩惱而錯過有趣的活動

那這本書很適合你。

如果你有上述的現象（或許是經常發生，又或者是只在某些情況下才會這樣），這本書裡面有滿滿的練習活動與建議，可以幫助你打擊煩惱，讓你感覺更勇敢，獲得更多信心。你可以按照自己的節奏來完成練習，不用急！

如果你卡住了，或是想談談你在書裡看到的任何內容，你都可以請你信任的大人來協助你，或請他們聽你說。這個大人可以是你的媽媽、爸爸、老師、照護者、大哥哥、大姊姊、祖父母、阿姨、叔叔、隔壁鄰居，或任何你熟識且聊起來很自在的人。

認識小怪獸——嘶嘶

哈囉！我是嘶嘶，我是來協助引導你完成這本書的。我很期待要給你看書中所有的練習活動和新點子！你準備好了嗎？我們馬上開始吧！

焦慮感是什麼？

我們在這一章裡會認識關於焦慮感的一切：什麼是焦慮感？那是怎樣的感覺？為什麼我們會感覺焦慮？焦慮感是一種情緒，當緊張、害怕、煩惱的感受同時出現時，我們就會感到焦慮。

活動01 關於我的一切！

我們先來認識你吧！

我的名字是…

我現在_____歲

我的家庭成員有：

我最喜歡…

要找樂子的時候，我喜歡…

我很擅長…

❀ 什麼是感受？

　　人類可以有很多不同的感受，這些感受也可以稱為情緒。有時候情緒會隨著我們的處境而變化，也會因為我們的想法而改變。

☆情緒可以很微小、很安靜，也可以很沉重、很吵雜。有時候情緒讓我們感覺良好，有時候則感覺糟透了。

☆每個人都有感受，有時候你沒辦法看著對方就知道對方有什麼感受。

☆當你感覺到一股情緒，可能會覺得這股情緒控制住你的全身上下，讓你有一些不好的感受和想法。

☆不論你體會到哪一種感受都沒關係，就算是像悲傷或憤怒這種感覺不好的情緒也沒關係。

　　我們將內心那些不同的感受命名，這樣就能和別人談談我們的感受了。想想看，如果每個情緒都有顏色的話，這些情緒會是什麼顏色呢？然後在底下的泡泡裡為這些情緒著色吧！

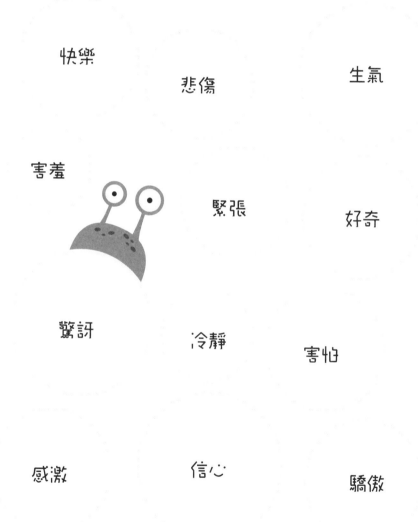

快樂

悲傷

生氣

害羞

緊張

好奇

驚訝

冷靜

害怕

感激

信心

驕傲

你還有沒有想到其他情緒呢？把你想到的寫進泡泡裡。

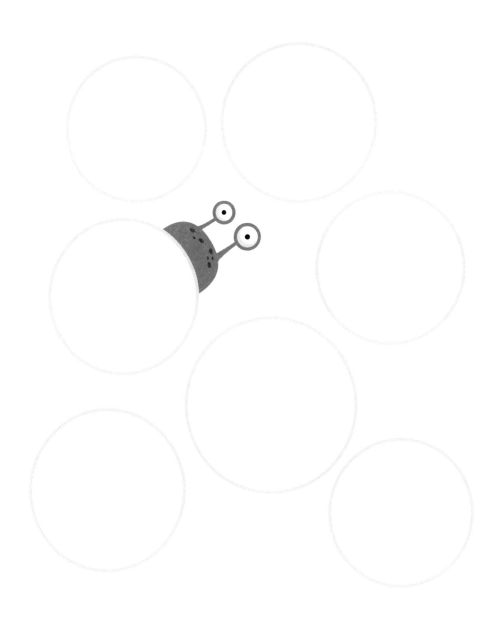

✹ 我們為什麼會煩惱？

　　每個人每天都會體驗到不同的感受，有時候，那些比較不愉快的感受可能會占據我們的念頭，讓我們很煩惱。

　　你現在覺得怎麼樣？（把你的感受寫下來，愈多愈好）像是：冷靜、淡定、難過、飢餓……。

當你有煩惱，又無法不去想時，那種感覺就是焦慮，而這個煩惱會開始變成你的想法，讓你沒時間去想其他事情。你可能在擔心過去的事情會不會再次發生，或糟糕的事情會不會發生在你或你愛的人身上，這都會讓你感到焦慮。例如你很怕黑，所以只要一想到黑暗，身體裡就有難受的感覺。

有時候，人們也說不出自己為什麼會感到焦慮，或者他們覺得別人都無法理解他們的煩惱。

焦慮感只是人類感受到的情緒之一，這很正常！事實上，焦慮是很重要的情緒，可以保護我們的安全，讓我們做出合理的判斷。在人類演化的過程中，害怕和緊張的感受能讓我們避開危險、安全求生。

這些情緒都可能和焦慮感有關

在石器時代，我們要時時提防周圍有沒有劍齒虎…

現在，煩惱也是用同樣的方式提醒我們要小心。

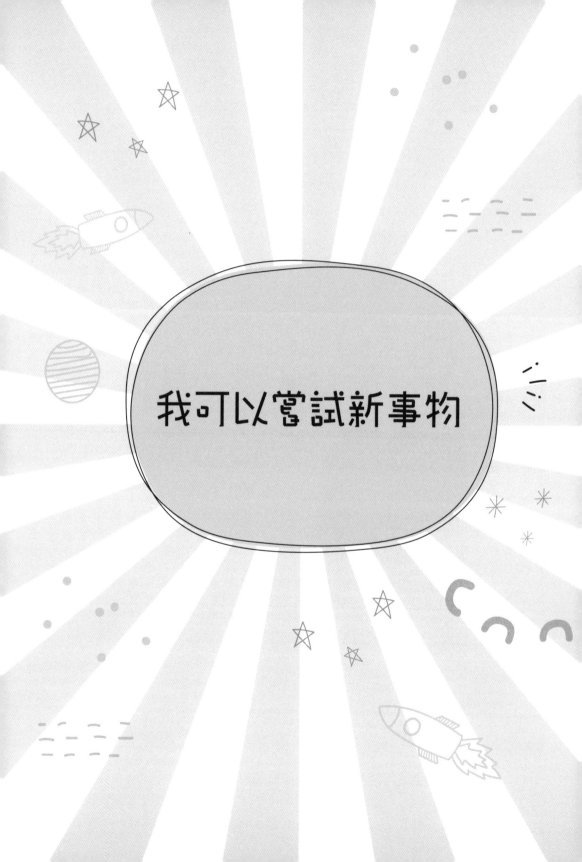

我可以嘗試新事物

活動02 嘶嘶有什麼感受？

嘶嘶的朋友跑走了——他們說他們今天不想跟嘶嘶玩。你認為嘶嘶會有哪些感受，請把它們寫下來。

_____

_____

_____

這些答案都很棒！當別人不友善的時候，我們會有很多情緒。這些不開心的時刻通常會被我們記很久，而且可能會擔心會不會再次發生這種事。

❀ 焦慮是什麼感覺？

　　煩惱、緊張、害怕都攪在一起，那就是焦慮感。我們全身上下都可能會感覺到焦慮：

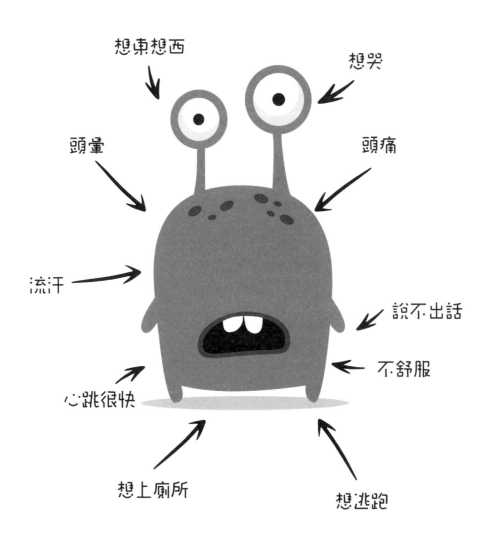

想東想西

想哭

頭暈

頭痛

流汗

說不出話

不舒服

心跳很快

想上廁所

想逃跑

✱ 小朋友都在煩惱什麼？

有煩惱的小孩不只你一個。所有的小孩都會煩惱，而且你沒辦法看著一個人就知道他在擔心什麼。以下這些是和你同年紀的小朋友經常在擔心的事情：

☆ 壞人

☆ 妖魔鬼怪

☆ 一個人留在家

☆ 死掉

☆ 生病

☆ 在學校表現不好

☆ 在學校生病

☆ 朋友離開你

其中有幾點你聽了可能會很害怕，有些你可能覺得沒什麼。你在煩惱的事情也可能不在這上面。大腦很複雜，所以每個人的煩惱都不一樣！

焦慮感有很多種……

☆有些小孩會對特定的事物感到非常焦慮。

☆有些小孩一直都有點焦慮，有很多小小的煩惱占據整個腦袋。

☆有些小孩想到要離開家長或認識新朋友，就開始焦慮。

☆有些小孩會焦慮是怕不好的事情會影響他們或他們愛的人。

☆有些小孩覺得他們必須檢查或安排很多事情，否則壞事就會發生。

　　有些小孩感到焦慮是因為他們想像自己做了壞事、傷害自己或傷害其他人。如果你有這些可怕的念頭，請記得：念頭不是事實。你只是在想像，不代表這些事情是真的。休息一下，做幾個深呼吸。你可以找個信任的大人來談談你的煩惱，他們會協助你面對這些念頭。

　　如果過去曾有壞事發生在你身上，或你愛的人身上，你可能會很焦慮，擔心那是你的錯，或害怕同樣的事情再次發生。這種反應很正常，讓你減輕煩惱最好的方式就是「說出來」。找一位能讓你自在討論這些事情的大人好好聽你說，協助你更理解你的煩惱。

每個人都會有煩惱

活動03　我的煩惱

　　每個人煩惱、焦慮的事情都不一樣。可能有一件事或者很多事情讓你感到特別焦慮。我們來看看以下兩個例子：

　　生病會讓哈利很焦慮。如果他聽說別人生病了，他就會很緊張，害怕自己也被傳染。當他有這種感覺的時候，就沒辦法好好吃飯，而且會一直去洗手，但其實他不需要洗那麼多次。

娜塔莉亞害怕有東西藏在床底下，所以很焦慮。只要周圍暗下來，她就覺得進退兩難，因為她怕到不敢檢查，也怕到無法下床去告訴她的父母。她有時候睡不好，因為她會忍不住一直想。

當你感覺焦慮的時候你會怎麼做？把你的作法都寫下來或畫下來：

例如：我會緊緊跟在爸爸身邊，經常問他：「媽媽什麼時候回來？媽媽還好嗎？」

有時候，當我們焦慮時，我們會找一些事情來做，好讓心情暫時好一點，但這不會改變我們對這個處境的感覺。因為我們對這個處境的感覺沒有變，所以焦慮的念頭會一直跑回來。稍後在書中（第67頁）我們會探討各種不同的方式來打擊焦慮感，協助你改變自己應對的作法和想法。

✿ 恐慌症發作

　　有時候你有很嚴重的焦慮感，讓你覺得身體也失控了，這就是恐慌症發作。恐慌症發作的時候，心跳可能會變快，你可能會覺得頭暈、身體很熱或不舒服。

　　雖然恐慌症發作的時候感覺很恐怖、很嚇人，但這並不會傷害你。如果你覺得你的恐慌症發作了，可以做這些事情來幫助自己撐過去：

1 請身旁的人協助──或許你會希望有人坐在你身邊，冷靜地、默默地安慰你。

2 閉上眼睛。

3 提醒自己：恐慌症一下就結束了，這不會傷害你。

4 專心呼吸：深呼吸的時候數到五，然後再慢慢吐氣：一、二、三、四、五。

5 恐慌症一消退，你可能會覺得很累、很渴。別急，花點時間休息一下，等你準備好再繼續做你原本要做的事。

　　稍後在書中（第41頁），我們會介紹一些特別的方式，讓你在過度焦慮的時候可以冷靜下來。

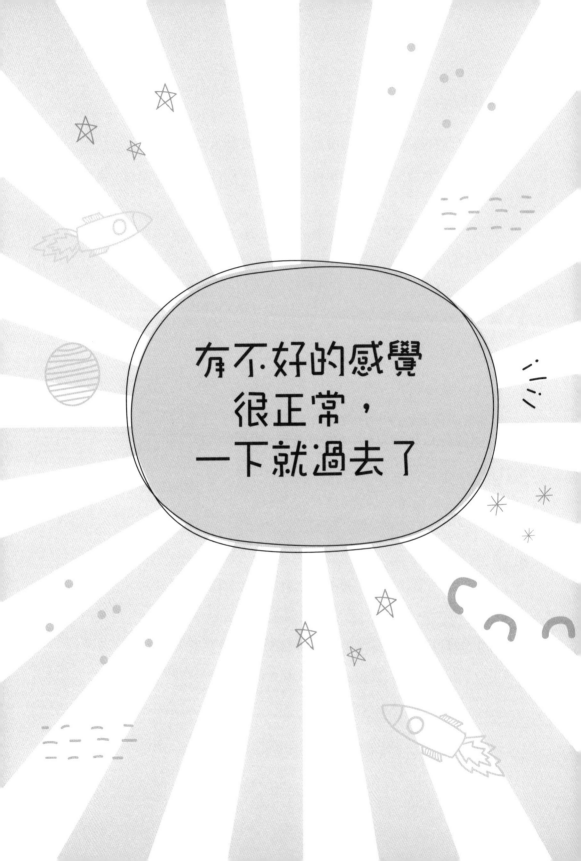

有不好的感覺
很正常，
一下就過去了

Part 2

面對煩惱

我們在這一章會更瞭解焦慮的感覺，並學會很多讓自己冷靜下來的招數。

什麼是焦慮？

你開心的時候，腦子有什麼感覺？這時候你會想到哪些事情？

例如：想到家人、一段愉快的回憶、最喜歡的興趣。在你的開心腦裡面寫字、畫圖和著色吧：

當你焦慮的時候，腦袋有什麼感覺？你會想到哪些事情？

例如：一段不愉快的回憶、你害怕會發生的事情。在你的煩心腦裡面寫字、畫圖和著色吧：

你的開心腦和煩心腦看起來很不一樣，對吧？不同的想法會讓我們感受到不同的情緒，我們的大腦會根據不同的情緒而有不同的行為。

✳ 傾聽你的身與心

　　當你焦慮時，腦中浮現的感覺會控制你的情緒。假如你的大腦察覺到危險（儘管當下可能並不危險，純粹只是你在杞人憂天而已），控制中心就會發送訊號給全身上下，造成心跳加速、手心冒汗、身體不舒服。

　　當你感覺到身體裡的焦慮感正在逐漸增加，別慌！下列方法可以隨時隨地讓你很快地冷靜下來。

☆ 從十倒數到一。

☆ 想想腳下的地面，你能感覺到嗎？那是什麼感覺？

☆ 想像你面前有杯熱可可。吸氣的時候把熱可可的香氣吸進來，吐氣的時候讓熱可可涼一點。

☆ 閉上雙眼，想像有一座美麗的花園，裡面有哪些花草植物？試著觀察花園裡的小細節。

☆ 花點時間留意周遭的環境，你可以看到什麼、聽到什麼、摸到什麼、聞到什麼？把你觀察到的一切大聲說出來或在心裡對自己說。

如果你很煩惱又不知道該怎麼做，就去請求協助吧

✽ 焦慮山丘

　　體內的焦慮感開始累積時，可能會讓你很害怕。焦慮感的過程通常會像山坡這樣：

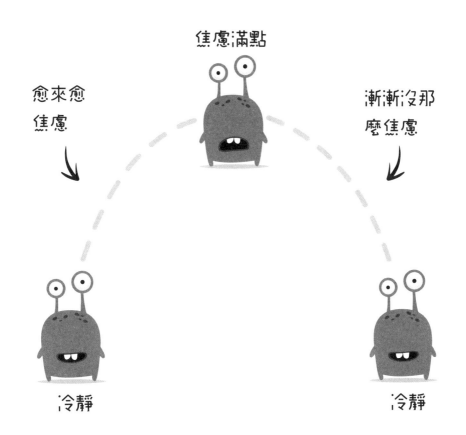

焦慮滿點

愈來愈
焦慮

漸漸沒那
麼焦慮

冷靜

冷靜

　　如果你感覺到焦慮像爬坡一樣往上升時，就想像這張圖：山峰就是焦慮的頂點。你到達頂點的時候，代表你的焦慮感不會維持很久，等一下就會開始往下降了，你會感到愈來愈冷靜，最後焦慮感就消退了。

活動05 順著手指呼吸

這個練習很簡單，隨時隨地都可以做。停下來深呼吸的小動作可以讓你冷靜下來，不再那麼焦慮。

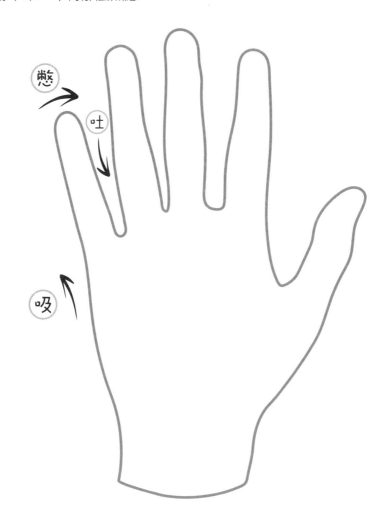

☆把左手掌攤開，貼在上一頁的圖上。

☆右手的指尖，沿著手指頭的側邊輪廓滑動。

☆指尖往上走的時候吸氣。

☆走到最高點的時候憋氣。

☆指尖往下走的時候吐氣。

☆慢慢走完五隻手指頭的輪廓。

　　你也可以畫自己的手掌圖！把你的手放在白紙上，開始描邊，或把手掌沾滿顏料，用力地蓋個掌印。你可以用你喜歡的方式裝飾自己的手印、剪下來，有需要的時候就拿出來用。

活動06 上場口號！

雖然焦慮感不容易被擊退，但你不需要單打獨鬥！你可以和家人組隊或是和你愛的人、信任的人組隊。

一起來想個口號，讓自己充滿決心，就有足夠的勇氣打擊焦慮感！

嘶嘶的口號是⋯⋯我做得到！

你想要呼喊什麼口號都可以，只要對你有用就好。你可以和嘶嘶的口號一樣，也可以想出自己的口號，你也可以參考下列這幾句口號：

你能不能想到其他口號？請寫下來：

　　你可以找你信任的人一起練習用不同的音量來喊口號。剛開始可能會覺得怪怪的，但經過練習後，你會感覺更有信心，並準備好面對一切。

活動07 數出來

　　焦慮的時候，你可能很難思考別的事情。這個小遊戲可以幫助你隨時轉移注意力，不會被焦慮的念頭和感受占據。

　　當焦慮感來襲時，嘶嘶喜歡數一數周圍的東西。

任何東西你都能拿來數，像是：

☆ 插座

☆ 鳥

☆ 椅子

☆ 人

☆ 牆上的照片或圖片

☆ 樹

☆ 車

☆ 購物袋

數數代表你必須專心，當腦袋開始忙碌起來，就沒有多餘的時間去思考讓你焦慮的事情，這樣焦慮感就比較容易散開了。

我的問題有多大？

如果發生一些讓你很焦慮的事情，讓你覺得這個問題超級無敵大，好像整個腦袋都只能想這件事的時候，快暫停！花點時間來搞清楚問題真正的規模。如果真的是個大問題，你或許需要請別人幫忙。不過通常呢，問題並沒有你原本以為的那麼大。

火災，嚴重的傷害，危險
緊急狀況──求救，打119。

迷路、受傷
大問題──請大人幫忙

感覺不舒服、別人不禮貌、輕微受傷
中問題──離開現場，請人協助。

東西壞了、作業不會寫、玩具不見了
小問題──再試試看、請人協助

遲到、犯錯、比賽輸了
迷你問題──心情不好，但我可以保持冷靜。

你早上都在做什麼？吃早餐、刷牙、準備上學⋯⋯你每天都維持同樣的生活規律嗎？固定的作息可以讓你感覺冷靜有秩序。如果你知道接下來要做什麼，對一天的生活有所規劃，就不必擔心那麼多。如果你現在還沒有固定作息，可以和父母一起制定作息表。

你能用漫畫的方式，把你早上、放學後和晚上的作息畫下來嗎？

❋ 廣大的世界

　　有時候，當我們聽說世界上發生一些不好的事情時，會讓我們覺得這個世界是個巨大又可怕的地方。你可能在學校或在新聞裡聽到一些消息，而感到很焦慮。不過請記得：新聞裡播報的多半是世界上的壞事。

　　通常，全球八十億人口都過著正常的日子，很多人其實日子過得還不錯，只是有些人可能日子過得不太好——但我們通常只會聽到那些少數人遭遇到的慘事。

　　如果新聞報導的是全世界每天發生了多少好事，那新聞根本播不完！

　　假如你和其他人一起展現出善良、勇敢和慷慨的美德，那麼你也可以改變這個世界。如果你看到身邊、校園裡或世界上任何地方發生了不公平的事情，你永遠都能發揮自身的力量來改善現況。

　　幫助別人的感覺很好，也能讓你在明白自己能完成什麼成就的時候，少點焦慮、多點信心。就算你覺得這只是小事，也別小看積沙成塔的力量，你甚至還能鼓勵更多人一起表現出善良與勇氣！

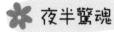 **夜半驚魂**

　　你喜歡看恐怖故事或恐怖節目嗎？有些人就是喜歡恐怖的情節！但有時候，這些嚇人的故事或角色會停留在腦中揮之不去，讓你因為這些不存在的東西而焦慮。鬼魂、怪獸或殭屍都是捏造出來的，雖然很嚇人，但你隨時可以提醒自己停止不要去想。

　　你可能會因為朋友都在看恐怖節目，所以你認為自己也要喜歡這些恐怖的東西，但事實上你並不喜歡被驚嚇的感覺。請記得：其實有很多人和你一樣，他們都知道自己不喜歡恐怖或驚悚的東西。

就算是小怪獸，也會被其他怪獸嚇到

❋ 知識就是力量

　　如果像惡魔或吸血鬼這些陰森森又超自然的東西讓你感到焦慮，那麼只要你成為這方面的專家，他們就嚇不著你了。

　　你可以趁自己比較冷靜、勇敢的時候，找些不可怕的書籍或網站來研究相關的主題——你可以問自己很多問題，例如能不能找到有趣或可愛的鬼？如果你找不到答案，那你也可以自己想出答案，像是：

　　鬼喜歡吃哪一種早餐？

　　狼人在什麼情況下會很想哭？

　　吸血鬼會不會跟人類一樣換乳牙？那牙仙子會去拜訪吸血鬼嗎？

　　你能不能想出一些專家才會問的問題和答案？寫下來：

_____

_____

_____

_____

_____

_____

人們為什麼要說鬼故事？

自古以來，人類發明了很多鬼故事，來解釋那些我們不理解、不明白、不能控制或讓我們害怕的事情。

如果超自然現象會讓你焦慮，那麼不妨坐下來向大人傾訴，談談你在擔心的事情。當你這麼做之後，通常會感到冷靜許多，也會覺得自己比較能在面對真實的外在世界時，控制住內心的焦慮感。

焦慮感其實來自
健康的大腦與
旺盛的想像力

✳ 寫日記

　　很多人因為各自不同的原因而喜歡寫日記。若你體會到了焦慮感，寫日記是個有用的方法——你只需要筆記本和筆。你可以寫祕密日記，或者如果你願意的話，也可以拿給你信任的大人看。

　　擁有一本日記，你可以：

☆ 把腦中煩人的想法寫進日記裡。

☆ 把大煩惱拆解成一系列的小任務。

☆ 追蹤焦慮感——每次感到焦慮時，就把你的經歷寫下來。

☆ 把各種會發生的好事也都寫下來！

　　過一陣子，你可以回顧你的日記，看你有沒有找到容易引發焦慮的固定模式，這很有用。你可以自己找，也可以和你信任的大人一起進行。

活動09　幫嘶嘶提振心情

　　嘶嘶只要有狗在附近就會焦慮。如果嘶嘶在公園裡面玩，這時來了一隻狗，嘶嘶就會想離開，就算是很乖的小狗也一樣。

　　你想對嘶嘶説什麼，讓他的心情可以不受狗影響？

_____

_____

_____

_____

_____

_____

❋ 想法、感受和行動

我們的想法、感受和行動都有所關聯。舉例來說，嘶嘶覺得狗會吠叫、還會跳來跳去，所以嘶嘶感到害怕，想離開公園。

每個人都有不同的想法、感受和行動。別人在公園裡看到狗可能會有以下不同的想法、感受和行動：

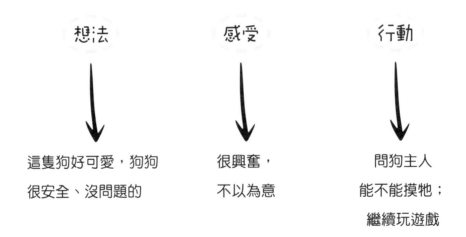

你能不能回想起過去自己很焦慮的時刻？當時的你有什麼想法？出現哪些感受？做了什麼樣的行動？

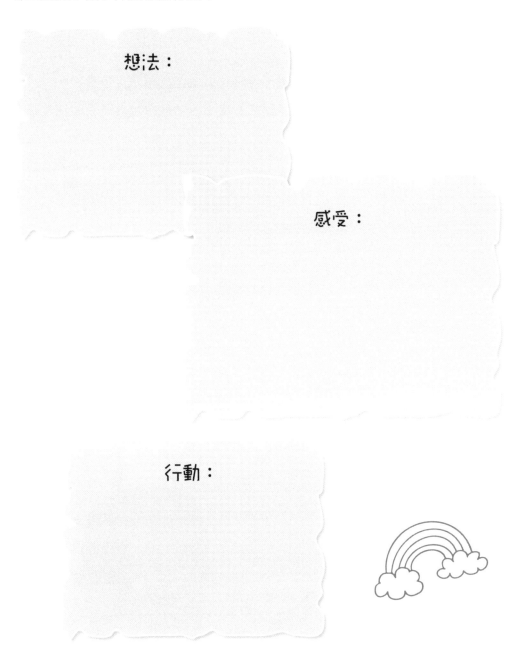

想法：

感受：

行動：

發生了什麼不對勁的事情，讓嘶嘶這麼緊張呢？原來，嘶嘶當時是進入了思考誤區。

當你的腦袋很混亂時，就容易進入思考誤區。思考誤區有很多種型態，我們在下一頁會仔細探討。

當你愈常進入思考誤區，就愈容易誤以為你的想法是事實。

嘶嘶當時的思考誤區稱為「預知未來」——他以為自己看得到未來，以為壞事一定會發生！

如果你正處於焦慮的話，思考誤區的問題就會變得很棘手，不過當你能冷靜、謹慎地思考時，你就會明白這些想法不是真的。就算嘶嘶以前被狗吠過，也不代表以後還會發生這種事情。

❋ 思考誤區

我們來看看最常見的思考誤區：

只往壞處想：我只看得到不好的部分——就算有些好事發生了，我還是會覺得哪裡不好。

不對就毀了：如果有件事不完美，我就失敗得很澈底。

小題卻大作：如果發生一件小小的壞事，會感覺是很嚴重的事情。

以為能讀心：我知道每個人給我的評價都很差。

以為能預知：我知道一定會出錯，所以我不想盡全力。

常貶低自己：我很沒用！

過度的期望：我應該要把每件事都做得很完美。

動不動自責：全都是我的錯！

以上這些例句，有沒有很像是你會對自己說的話呢？把你聽過的**圈起來**。

請記得：這些念頭都是思考誤區，並不是事實，只是你的腦袋打結所造成的。

當你能認出這些**思考誤區**，你就能夠開始質疑它們。最好的方式就是找個你信任的大人來談談——通常只要你說出來，就會更理解自己哪裡打結了。我們會在下一章（第67頁）學會如何防止自己進入思考誤區，讓自己更冷靜、更清晰地思考。

Part 3

解決問題

準備好囉，我們要來學會如何面對焦慮感，改變你的
想法、感受和行動，成為更冷靜、更快樂的自己！

❋ 事實或觀點？

你做得太好了！現在，我們要來瞭解焦慮感如何影響我們。

你知道事實和觀點的差別嗎？事實永遠是對的，不管別人怎麼說、怎麼想、怎麼期盼事實，都不會改變。觀點就是我們的想法和感受，可能會和別人不一樣。

這裡有些例子：

活動 10 關於我的各項事實

你可不可以寫下一些關於你的事實？

例如：我的髮色是……

你可不可以寫下一些你的觀點？

例如：學校裡最棒的科目是⋯⋯

我會竭盡所能

✿ 想法不是事實

　　你有個想法，不代表這就是真的。如果你正對某件事情感到焦慮，那種煩惱的感覺可能會很真實、就像事實一樣，但請千萬要記得：你比你的煩惱還要更堅強。

　　在你的想法裡，天空可以是綠色的、香蕉可以是紫色的或床下可能有怪獸，但如果你環顧這個世界，就會發現那些想法不是真的。在你的想法裡，你可能覺得等一下考試會考得不好、或是運動會那天可能跑不贏別人，但這樣想並不代表就一定會發生那件事。

事實：麥可會跳繩
想法：麥可最擅長跳繩

麥可加油！

我們剛剛提到想法不等於事實，有時候想到壞事並不代表真的會發生這件壞事。但如果真的發生了怎麼辦？如果有狗對你吠、考試考差了，或是媽媽接你放學的時候遲到，怎麼辦？你會沒事嗎？請放心，你應該都會好好的，發生這些事情可能不太愉快，但至少你都會沒事。你甚至可以設想一下，如果你的煩惱成真了，你可以怎麼做。這裡有個例子給你參考：

凱特每個禮拜都會擔心媽媽忘記在體操課後接她回家。事實上，凱特的媽媽從來沒有遲到過，可是，凱特就是甩不掉這個煩惱。她為此焦慮到一直想放棄體操課。凱特把她的感受告訴媽媽，媽媽聽了以後和凱特共同制定計畫，要是哪一天媽媽真的遲到了，那麼：

☆凱特會待在老師身邊。

☆老師會打電話給凱特的媽媽。

☆在媽媽出現之前，老師會一直陪著凱特。

如果你和凱特一樣有煩惱，你可以試著擬定自己的計畫。找一個你願意信任的大人，坐下來和他談談你的煩惱，然後為你擔心的情境預先做準備。這可以讓你理解到，就算煩惱成真了，你也會好好的。

☆_____

☆_____

☆_____

☆_____

☆_____

☆_____

☆_____

☆_____

☆_____

☆_____

☆_____

☆_____

✱ 想辦法！

當我們焦慮起來時，可能會很難說清楚為什麼會有這種感受。此時，不妨花點時間傾聽你的身體和你的想法。

☆ 身體的哪個部位可以感覺到焦慮？
☆ 你擔心發生什麼事？
☆ 這個念頭是哪來的？

一旦你弄清楚讓你焦慮的原因，就可以將它拆解成更小的任務。舉例來說：

艾米爾感覺焦慮影響他的頭和肚子。他想像禮拜一被老師罵的樣子，因為這週末有三份作業要完成，可是他都還沒開始寫作業。

首先，艾米爾要深呼吸。接下來，他認為自己可以把問題拆解成幾個小步驟。這是他的計畫：

 馬上開始：
他可以列出他想要在什麼時候進行這三份作業。

 今天稍晚：
他可以一次完成一份作業。

 下次：
他可以規劃每個週末要在哪個時段寫作業。

你要不要試著和艾米爾一樣，把你的想法寫下來或畫下來呢？

 馬上開始：

 今天稍晚：

 下一次：

挑戰很有趣

活動11　你的煩惱是什麼樣子？

焦慮的感受看起來是什麼樣子？你可以在下面寫出來或畫出來嗎？

可能是一種天氣、怪獸、動物、形狀、人或機器人——發揮你的想像力，甚至還可以幫焦慮感取名字！

❀ 和煩惱聊一聊

現在，你已經把煩惱畫出來了，那你可以想像自己和煩惱對話嗎？

當你感覺到很焦慮時，第一件事就是先深呼吸，讓腦袋冷靜下來。你可以用第44頁的「順著手指呼吸」來協助自己。

等到你覺得自己冷靜下來時，就可以對你的煩惱問這些問題，來找出背後的事實：

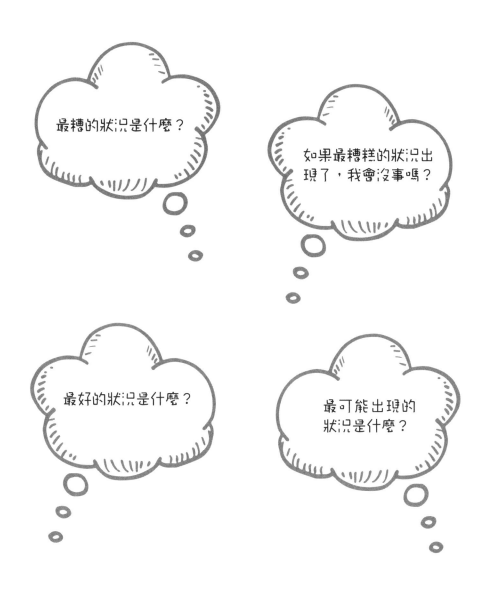

只要花點時間問自己這些問題，你就會發現自己沒那麼焦慮了。我們翻到下一頁來看看嘶嘶怎麼和煩惱對話？

❋ 理解你的煩惱

嘶嘶認為狗會對他吠，還會撲向他。現在我們來和這個煩惱對話，找出事實：

這是事實還是觀點？
我不確定

這隻狗現在正在
對我吠嗎？
沒有

我在想什麼？
這隻狗會開始吠，
並且撲向我。

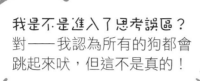

我是不是進入了思考誤區？
對——我認為所有的狗都會
跳起來吠，但這不是真的！

最糟的情況是什麼？
這隻狗開始吠，並且
撲向我。

如果最糟的狀況出現了，
我會沒事嗎？
對——雖然感覺很嚇人，
但狗主人會確保我不會受
到傷害。

最好的狀況是什麼？
狗很守規矩，我繼續在
公園玩得很開心。

最可能出現的狀況是什麼？
狗可能會叫一下，可是那就只
是個聲音。狗不會撲向我，因
為在公園裡，寵物不能靠近小
朋友的遊樂設施。

 譯註

在美國的公園規劃中，
小孩的遊樂設施周邊都
有柵欄並設有告示：寵
物不能進去。

我可以捲土重來

正念

☆ 正念是結合禪修與科學能夠訓練心智的方法，需要專注於當下所發生的事，以及我們此刻的感受。專注當下可以讓我們更冷靜，在面對沉重、複雜的感受時，這是個好方法。

☆ 當我們進行正念思考時，可以感受到想法和情緒在身體和心裡穿梭，就像浮雲飄過天空一樣。所有的想法和感受都是被允許的，它們不會傷害你。

試試看這個正念練習，隨時都可以進行哦：

① 找個安靜且舒服的地方坐下來

② 閉上雙眼，把你的念頭想像成飄過天空的浮雲。

③ 觀察雲的形狀和顏色

④ 現在，把你的注意力往下移到肚子；把所有念頭都留在頭裡，而不在肚子裡。

⑤ 把注意力繼續集中在肚子上，專心深呼吸，感覺肚皮上下起伏

⑥ 數十次深呼吸，然後張開眼睛。

感受一下，當你這麼做會有什麼變化……你可能會覺得自己變得冷靜多了、煩惱也減少了。

活動12　煩惱罐

　　煩惱真的很討厭！有時候你只想把煩惱推開，讓自己喘口氣。既然如此，不妨在空白處把煩惱寫下來吧：

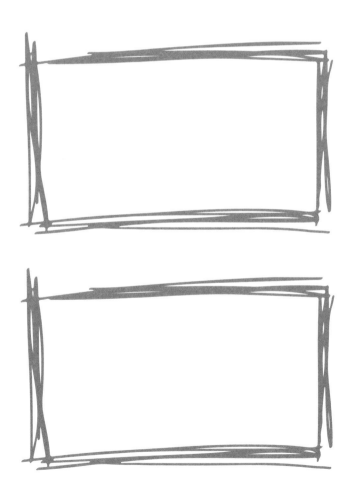

　　現在，小心地剪下來（或請大人幫忙），對摺之後放進罐子裡。蓋子一闔上，煩惱就被鎖在裡面，沒辦法打擾你了。上一頁有兩個空白欄位讓你填寫，但你也可以隨時拿張紙把煩惱寫下來，放進罐子裡。

活動 13 我很勇敢！

現在是你鼓起勇氣的時候了。真正的勇氣並不代表永遠不再感到害怕——而是即便感到害怕，還是願意勇敢面對恐懼去行動。接下來的這幾頁，我們來看看勇氣如何協助你克服焦慮。

你能不能回想過去你曾經很勇敢的樣子？把它寫下來或畫出來：

✿ 放下

　　現在，我們要來瞭解怎麼放下焦慮的行為。有時候，我們會因為太焦慮而做了許多事，因為我們擔心自己如果不做這麼多事，會有不好的下場。我們來看看法蒂瑪如何把焦慮的行為變成勇敢的行為⋯⋯。

　　法蒂瑪最喜歡的玩具是泰迪熊。她剛到新學校，每天都要偷偷帶著泰迪熊上學。有一天被老師發現了，老師就跟法蒂瑪說帶家裡的玩具來學校是違反校規的。一想到自己不能帶小熊上學，法蒂瑪就很慌張也很難受。如果小熊不在身邊，她就會認為即將有壞事降臨到她身上。

　　法蒂瑪該怎麼做？把小熊留在家裡對法蒂瑪來說太折磨了，可是在學校惹麻煩的話，感覺更糟。法蒂瑪決定跟家長談談她的問題，然後他們一起想出一個計畫。

首先，法蒂瑪問了她的煩惱一些問題，來找出事實。

✿ 法蒂瑪的勇氣計畫

接下來，法蒂瑪和她的家長擬定計畫，幫助法蒂瑪在未來幾週內逐漸建立她的勇氣。

 1. 帶小熊上學，但只有下課時間才拿出來。

 2. 帶小熊上學，但是準備要進教室的時候就交給媽媽。

 3. 上學途中沿路抱著小熊。

 4. 抱著小熊走到街道盡頭。

 5. 把小熊交給媽媽前——我可以抱兩下，每次一分鐘。

 6. 把小熊交給媽媽前——我可以抱一下。

 7. 把小熊交給媽媽前——我有需要的時候可以請媽媽拿出來。

 8. 把小熊交給媽媽——練習不需要小熊。

 9. 把小熊留在家。

法蒂瑪計畫要一小步、一小步地朝目標前進，每次都比上一次更勇敢一點。如果法蒂瑪要花好幾天的時間才能進行下一步，那也沒關係！當她完成所有的步驟後，她就有足夠的勇氣，可以把小熊留在家裡了。

✳ 面對你的恐懼

有時候我們迴避做某些好玩、有趣的事情，僅僅是因為我們對於無法知道接下來會發生什麼事而感到焦慮。我們來看看小喬是如何找到勇氣，勇敢嘗試原本讓他很緊張的事情……

只要一想到游泳，小喬就非常緊張，還會開始冒汗。他擔心自己會沉到泳池底部，也擔心眼睛會進水。下學期，小喬的班上會有游泳課，他想要學會游泳，可是一想到要下水就變得很緊張。小喬該怎麼做？

小喬和家長談論了他的問題，然後他們一起想出一個計畫。

首先，小喬問了他的煩惱一些問題，來找出事實。

做完這個練習後，小喬感覺好一點了，可是一想到游泳還是會讓他焦慮，因為他知道水可能會帶來危險，最糟糕的情況就是他會溺死在水裡。

所以小喬做的第一件事就是先瞭解溺水的可能性，結果他發現可能性極低。除此之外，他也發現要避免水中危險事件最好的方法，就是向合格的教練學習正確、安全地游泳。

❋ 小喬的勇氣計畫

接下來，小喬和家長想出一些小步驟來實現小喬的目標。

 1. 研究游泳時要如何保持安全。

 2. 參觀游泳池，但不下水。

 3. 自己挑選新蛙鏡。

 4. 去游泳池、換泳衣、坐在池邊。

 5. 雙腳泡進水裡。

 6. 在家長陪同下，走進淺水區，戴著蛙鏡，讓我可以看到泳池底部。

 7. 在家長陪同下，在淺水區用浮具。

 8. 潑水到臉上。

 9. 讓頭進到水面下一秒鐘。

　　小喬打算一次面對恐懼一點點。他不急，因為有些步驟可能需要比較長的時間才能適應。等到勇氣計畫結束的時候，他就能準備好上游泳課了！

活動14 我的勇氣計畫

想想看哪些事情會讓你焦慮。你能夠設計出屬於你自己的勇氣計畫來面對焦慮嗎？

Part 4

照顧自己

你已經努力了好一陣子，應該要以自己為榮！當我們好好照顧身體，才會變得強壯，所以花時間休息，並確保身體獲得所需要的一切，這真的超級重要。

✽ 要怎麼放鬆？

　　找時間讓自己放輕鬆真的很重要，這樣才能維持身體健康、心情愉快。不妨試試看這些令人放鬆的活動：

☆用壓克力顏料畫石頭。

☆做拼貼畫。

☆做一些輕鬆的伸展運動。

☆讀一本書。

☆寫一首詩。

☆騎單車。

☆看燭光閃爍（請大人幫忙！）

☆聽音樂。

☆觀賞雲朵──你注意到有哪些形狀呢？

☆去院子裡摘花或撿樹葉，然後畫出來。

你能不能想到其他更多的放鬆方法？把它們寫下來或畫下來：

拔掉插頭

☆看電視或打電動的確很有趣，可是這些興奮、刺激的感覺可
　能會為大腦帶來許多壓力。試著多花點時間從事真實世界裡
　的活動，像是和朋友一起建造、創造點什麼，或是畫畫、看
　書、和家人一起去戶外玩耍等。

❋ 緊繃和壓力是什麼？

試試看，把整張臉縮起來，這樣你的鼻子會整個皺起來，眉毛之間也會有皺紋，然後放輕鬆，讓你的臉恢復正常。

有沒有覺得當你放鬆臉部肌肉的時候，全身的感覺都變了呢？當你的臉縮起來，那就是緊繃，當你恢復平常的樣子，那就是放鬆。

焦慮或難過的時候，我們通常能感覺到身體的緊繃。你可以學會一些小技巧，來協助自己放掉身上的緊繃感。

深呼吸是個很棒的方法，可以隨時讓你感覺好一點。皺鼻子呼吸法可以協助你緩慢、深沉地呼吸，並讓你感覺更冷靜。

☆ 首先，壓住右邊的鼻孔。
☆ 從左邊的鼻孔深深吸一口氣。
☆ 憋氣，換手，改成壓住左邊的鼻孔。
☆ 從右邊的鼻孔吐氣。
☆ 換邊，再來一遍。
☆ 每邊各做五回。

我可以再試一次

✿ 外貌

有些人把自己的外型看得很重要。我們每天在電視上和雜誌裡看到的人都完美無瑕。但你知道嗎？那些人在真實生活中看起來並非如此，因為電視節目會特別打光，照片也會經過電腦特效修飾，讓普通的正常人看起來像是從完美星球來的外星人！

若花上好幾年時間，只為了讓自己的外表看起來很完美，那樣是在浪費時間。這世界上還有數百萬件有趣的事情可以做、可以想，更何況你並不是為了吸引他人注意而存在！你已經是最好且世上唯一的自己了。

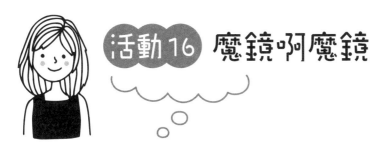

活動16　魔鏡啊魔鏡

下次照鏡子的時候，觀察你喜歡自己的地方，說些讚美的話！

這些例句可以給你靈感：

我很強壯

我很有趣

我會做些很厲害的事情

我可以按照自己的步伐前進

我很特別、很美好

你還能想到更多讚美自己的話嗎？把它們寫在鏡子裡：

❁ 愛你的身體

你的身體其實很奇妙，你知道這些事情嗎…？

☆ 你的乳牙換完後，新牙齒就跟鯊魚的牙齒一樣強壯。

☆ 你的心臟每天跳動超過100,000次。

☆ 每個人除了有獨一無二的指紋之外，還有獨一無二的舌紋。

☆ 身體裡37兆個細胞協力合作，讓你能持續呼吸、歡笑、學習。

你的身體會隨著年紀自然變化，慢慢地長大成人，這段過程可能會讓你有點煩惱或難為情。但是請記得：這些變化很正常，每個人都會經歷這段過程。

對身體感到不好意思是件很正常的事，你一定要記得：除了你之外，沒有人能夠沒經過你的同意就注視或碰觸你的身體。你可以隨時和家長或信任的老師談談讓你困擾或困惑的事情。

❋ 維持健康

　　想要持續成長、學習、保持好心情，那麼有兩件事情很重要，分別是吃得健康以及喝下充足的水分！當你能照顧好自己的身體，自然就會感覺更冷靜、擁有更多的身體能量。

　　我們的身體裡超過百分之六十是水分，而水分會一直流失——因為我們會流汗、吐氣、哭泣或是去上廁所。你每天至少要喝六至八杯的水才能維持身體所需的水分，保持最理想的體態。此外，若要維持健康，你每天都要吃下五份蔬菜或水果。

活動 17 睡覺

　　充足的睡眠能讓你更平靜、更快樂，而且白天會更有能量。睡眠還能讓你的腦袋有時間釐清這一天發生的事情、整理你這一天的思緒。通常白天讓你很困擾的問題，在經過一夜好眠後，就會覺得容易解決得多！

　　你夢想中的臥室看起來是什麼樣子？你可以在這裡把它寫下來或畫出來嗎？

盡量每個晚上都睡飽

☆你有時候會睡不著嗎？不妨試試這些技巧：

1 仰躺，腳趾頭立起來。

2 慢慢地提高雙腳，讓大拇指朝著天花板。

3 用最慢、最慢的速度把腳放下來。

4 重複五次，你就會覺得很放鬆，開始睏了。

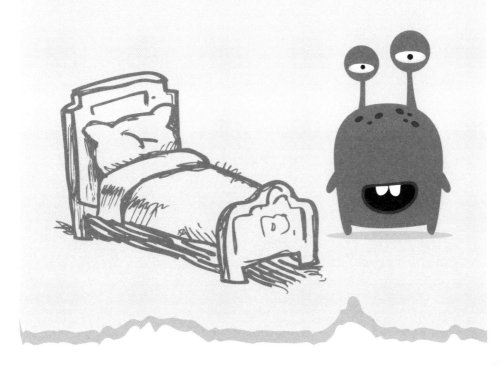

Part 5

友誼與霸凌

擁有朋友是件很棒、而且超級重要的事情,可是有時候友誼也需要下點功夫,還可能會讓人感到焦慮。

✿ 怎樣才是真正的朋友？

擁有真正的朋友最棒了，他們會逗我們笑，也是我們最想花時間相處的人。

不過有時候，有些人可能會自稱是你的朋友，但事實上他們的舉動完全不像朋友。

只因為對方花時間和你相處，又自稱是你的朋友，並不代表他們就是你真正的朋友！虛假的朋友就像是變相的霸凌。你一定要記得：那些對你不友善的人，不需要花時間在他們身上。

真正的朋友

☆會傾聽你說話

☆會友善地和你對話

☆會挺你

☆會考慮到你

虛假的朋友

☆會忽略你、冷落你

☆會排擠你

☆會傷害你

☆會欺負你或讓你難堪

我值得擁有好朋友

✿ 霸凌是怎麼一回事？

霸凌有很多種方式，而且可能發生在現實中或網路上。

霸凌的舉動可能是：

☆刻意傷害你、讓你難堪或讓你難過。

☆不經過你的同意就拿走你的東西。

☆逼你做些你不想做的事。

☆說你的壞話或造謠。

☆罵你或欺負你。

☆推擠。

☆排擠你。

☆可能是其他讓你不快樂或焦慮的行為。

如果你被霸凌了，請記得「這並不是你的錯」，請和你信任的大人談談你的所經歷的事。你很重要，也值得被尊重對待。

✿ 也有人和你一樣

有時候，你可能覺得只有你才懂自己。不過請記得，你看不到別人腦袋裡在想什麼，你所遇見的每個人都有自己的煩惱和自己喜歡的事物，你永遠沒辦法只觀察一個人的外表就知道他們有什麼感受。

就算你真的覺得只有自己一個人獨自煩惱著很孤單，但其實還有很多人和你一樣，你的身邊依然有很多人可以幫忙。

❋ 我們都不一樣！

　　每個人都是獨一無二的，所以人生才能這麼有趣！不管是我們最喜歡的書或是最害怕的東西，世界上沒有兩個人完全一樣。

　　你從外表可以觀察到對方和自己有哪些不同之處呢？雀斑、膚色、眼鏡、髮型……這些都可以被清楚觀察，但是這些都沒辦法讓我們知道一個人的內心是什麼樣子。嘶嘶有雀斑，不代表他和其他有雀斑的怪獸喜歡同樣的東西或擁有同樣的想法。

　　哪些差異是我們看不到的？一個人有多麼友善、最喜歡哪一種早餐麥片、他們在擔心什麼……這些事情你必須要認識一個人的性格才會知道。

在心中想著你的好朋友們，你和他們有什麼共同點？他們和你又有什麼不同呢？

我們有這些共同點……	我們有這些不同之處……
舉例： 我最喜歡的食物是義大利麵， 我朋友也最喜歡義大利麵	舉例： 在學校，我最喜歡的科目是英文， 但我的好朋友最喜歡科學

我們有這些共同點……	我們有這些不同之處……

　　就算你們有很多地方不一樣，你們還是很喜歡相處在一起。因此，做自己是沒問題的——你也只能當你自己而已！

✿ 完美的朋友……？

或許你覺得你的朋友們好像過著完美的人生。如果你的髮型、房子、電腦或鞋子可以跟他們一樣，你的人生也會變得更好，是嗎？才不是！因為快樂不是來自外在，而是來自內心。擁有新東西可能會讓你感到短暫的愉悅，但過不久，這感覺很快就消失了，你又回到原本沒有這東西的狀態。

我們只看到別人選擇表現出來的樣子。沒有人是完美的，因為完美不存在。

我們各自擁有不同的幸運。只是有時候我們會忘記自己是如此地幸運，尤其是當你心情不好的時候。

心懷感恩是指當你覺得自己很幸運或別人對你很友善的時候，你會想要表達這份感謝。你可以在下方空白處填上你所感恩的事情與正在面對的挑戰。

你能列出這禮拜讓你感恩的10件事情嗎？事情可大可小：像是一頓好吃的早餐或是擁有一個溫暖的家。

1 _____

2 _____

3 _____

4 _____

5 _____

6 _____

7 _____

8 _____

9 _____

10 _____

你現在覺得什麼事情很棘手？

例如：和朋友意見不合。

你從這些挑戰中學到了什麼？

例如：如何找到大家都滿意的解決方案？

我很感恩的對象：

1 ＿＿＿＿＿＿＿＿＿＿＿＿＿＿＿＿＿＿＿＿＿＿＿＿＿＿＿

2 ＿＿＿＿＿＿＿＿＿＿＿＿＿＿＿＿＿＿＿＿＿＿＿＿＿＿＿

3 ＿＿＿＿＿＿＿＿＿＿＿＿＿＿＿＿＿＿＿＿＿＿＿＿＿＿＿

4 ＿＿＿＿＿＿＿＿＿＿＿＿＿＿＿＿＿＿＿＿＿＿＿＿＿＿＿

5 ＿＿＿＿＿＿＿＿＿＿＿＿＿＿＿＿＿＿＿＿＿＿＿＿＿＿＿

今天最棒的部分就是……

這個活動很適合在一天要結束之前做。你也可以養成習慣，每天在日記裡寫下你感恩的事情（見第60頁）。

Part 6

接下來呢？

哇！你學到了好多東西，希望你也發現許多不錯的技巧來幫助你打敗焦慮感。你已經知道你的想法、感受和行動是如何互相影響，也學會如何放鬆。現在，是時候來實際運用這些新技巧了。

人會感到焦慮是很正常的──每個人都會！焦慮感不見得會在睡一覺後隔天就消失不見，對你來說，要培養新的思考習慣，以及嘗試那些讓你感到緊張的事情確實也不容易。

請記得：你不需要自己一個人承擔──當你需要協助的時候，你可以再翻閱這本書，找個你信任的大人聊聊，或是簡單休息一下，讓自己放輕鬆。

活動 20 我的焦慮行動計畫

這個空間可以讓你複習一下，把你學到關於自己和煩惱的一切都整合成行動方案：

我的想法打結了

我要問「煩惱」這些問題……

對我最有效的放鬆方法

別忘了實踐第98頁的勇氣計畫喔！

不是只有你會焦慮

小朋友們會對各式各樣的事情感到焦慮——以下是來自幾位小朋友的經驗，他們的年紀和你一樣大。

艾拉，7歲

「我看了我最喜歡的影集，其中一集有個怪獸住在小孩的床底下。我本來都很勇敢，平常也不怕恐怖的畫面，可是那集太可怕了，害我那天晚上睡不著，結果隔天真的好累！到了晚上我還是很害怕，我跟媽媽說了以後，她在地上放小夜燈，這樣床底下就會亮亮的。這讓我覺得好多了，後來我很快就睡著了。」

提利，11歲

「我們上個月去校外教學，有四個晚上不在爸媽身邊。我一直擔心會發生壞事，我擔心我不在家，爸媽就會生病或受傷。爸媽要我別擔心，可是我還是會一直擔心！不過後來我跟朋友玩開了，就完全忘記這些煩惱——我很高興我甩掉煩惱。」

漢森，9歲

「我看到一個男生在學校吐了，那真的很噁心，而且他吐得整張桌子都是。現在每當我想咳嗽或打嗝時，就會擔心跟他一樣，一想到這我就渾身發熱，而且很苦惱。這時候我就會找個安靜的地方練習深呼吸，冷靜下來。」

米莉安，8歲

「我每天都在煩惱午餐的時候要坐在誰旁邊。我一到學校就會先找到人和我同桌。有一天我忘了要先找，結果只好和我不認識的人坐在一起。我們聊天以後，現在反而成為好朋友——我的煩惱確實成真了！不過，我不但沒事，還交到了新朋友。」

奧力，8歲

「我真的很怕感染恐怖的疾病然後死掉。我以前會花很多時間檢查身體，確定自己沒事，然後會問我爸媽很多關於疾病的問題。自從去年叔叔過世後我就開始煩惱這些問題。後來爸媽和我談論叔叔的事，也解答我心中所有的疑惑——現在我可以理解當時發生什麼事，後來就不再那麼焦慮了。」

娜歐蜜，10歲

「我以前會很煩惱自己的外表，因為我身上有個胎記。但現在我自創一個特別的說法：『在乎我的人不在意，在意的人不在乎我。』這句話讓我知道我是特別的，我原本的樣子就很美。」

羅文，11歲

「我以前總是會為了各種小事焦慮，整日愁眉不展，所以我的父母帶我去看一位很友善的醫生，讓我明白怎麼讓自己感覺好一點。」

歐瑪，7歲

「我不喜歡體育課，因為我覺得我會受傷。所以我都坐在旁邊，不參與課程。後來我朋友說他願意陪在我身邊，確保我沒事，我才願意嘗試看看，結果發現其實體育課還蠻好玩的。」

✿ 尾聲

　　終於結束了！嘶嘶很佩服你學到了這麼多──你也樂在其中嗎？記得哦，你隨時都可以重新翻開這本書，提醒自己焦慮感是怎麼一回事，或是當你感到焦慮時，有哪些練習可以幫助自己恢復冷靜。

　　請給自己大大的掌聲吧！你很認真、很勇敢、也很厲害，你想做的事通通做得到！

✿ 給家長的話：如何協助孩子面對焦慮感

其實面對焦慮感並沒有像書名寫得那樣簡單！但是有很多方法可以讓焦慮的孩子日子輕鬆、好過一點。你能為孩子做的事有很多，其中最重要的就是好好聆聽他們說話。

以開放的態度詢問並傾聽孩子們的校園生活、朋友和興趣等話題，他們就會覺得自己可以和你談談他們的恐懼和煩惱。健康又穩固的親子、師生關係可以培養出堅毅的孩子，就算他們的成長過程有些崎嶇、有些挑戰也能順利克服。讓他們知道你隨時都在他們身邊，無論問題的大小，你都會願意認真對待他們，並協助解決他們面對的所有困境。當他們來找你討論他們的煩惱時，請不要輕忽他們，但也無須過度放大這些煩惱。

有問題要解決時，請將注意力集中在解決方案上，陪孩子一起找出解決辦法。不過有時候，你的孩子可能只是想談談他們的感受而已，所以請你隨時觀察、配合他們的需求。

若你的孩子開始慌張或焦慮，請記得那是因為他們的大腦正在釋放出危險的信號，讓他們以為自己身處在危險中，並不是他們難搞或耍心機。你可以用以下的方法來協助他們面對焦慮症和恐慌症：

- 蹲下來或坐下來，和孩子等高，與孩子一起深呼吸。
- 跟他們說你可以理解他們正在為了_____而焦慮。
- 若他們想要的話，可以牽著他們的手。
- 不妨利用第49頁的活動「數出來」，或是第44頁的「順著手指呼吸」，來幫孩子恢復冷靜。
- 等你的孩子冷靜下來後，一起討論解決方案，像是問煩惱一些問題來找出事實是什麼。

等到孩子感覺自己恢復正常了以後，你就可以談談恐慌症發作時，哪些作法對他有效、哪些作法無效，這樣下次面對恐慌症時，就能做好更多準備。如果孩子要面對壓力事件——例如即將搬家，而你的孩子為此很焦慮，那就以開放的態度和他們聊聊接下來可能會發生的事，可以找一些相關的書籍或電影來幫助他們理解自己的感受。艾拉‧柏素德（Ella Berthoud）與蘇珊‧艾爾德金（Susan Elderkin）合著的《故事藥方：不想洗澡、愛滑手機、失戀了怎麼辦……給孩子與青少年的閱讀指南》是一個很棒的資源，不管遇到任何情境，你都能從這本書中找到合適的故事。你也可以建立每天固定的作息模式，按表操課：當孩子清楚知道自己接下來要做什麼事時，他們會最有安全感。

如果你的家庭正在經歷難關，例如喪親或離婚等，請記得不要給孩子他們不需要的資訊。你可以用他們能理解的語言來溝通，鼓勵他們說出自己的感受並提出問題——當然，你可以坦承自己不知道所有問題的答案，這都沒關係。有時候，當孩子全心投入在某個活動的時候，例如繪圖或著色，會比較願意談這些不愉快的主題，也許他們可能會覺得寫信給你比較自在。

通常，家長都希望能保護孩子，希望他們不要有負面的情緒，可是迴避那些會讓孩子焦慮的事情，只能帶來短期的效果，長期來說反而會讓問題更嚴重。愈迴避某個情境，小孩對該情境所產生的負面記憶聯結就愈強烈。

與其迴避那些讓人焦慮的情境，不如循序漸進且溫柔地給孩子機會來和這個情境建立正面回憶。舉例來說，假如你的孩子怕黑，那麼可以帶他們去露營看看，一起創造在日落之後圍著營火烤棉花糖的快樂回憶。假如他們怕水，就帶他們去潮間帶玩水。如果他們覺得要在大眾面前說話很焦

慮，那麼就試著在家裡辦場話劇表演吧！

你可以運用好幾萬種有趣的方式，溫柔地引導孩子，讓他感覺自己愈來愈勇敢。

如果你的孩子經常需要你的安撫，那麼不妨深入探究核心，看看他們需要安撫的背後原因是什麼。和孩子聊聊最糟的狀況是什麼（這狀況如果成真了，他們會不會沒事）、最好的狀況與最可能發生的狀況可能有哪些。

鼓勵他們勇於嘗試新事物，讓他們知道不用在第一次就把事情做完美，放手去嘗試是沒關係的。

最後，請放下愧疚感——大家看到孩子在掙扎，都會忍不住責怪自己沒做好，或是想在能力範圍內替他們移除障礙，讓他們日子輕鬆一點。好好休息吧！給孩子工具，讓他們能長出復原力，你就做得很棒了。

🌸 其他建議

短暫的焦慮往往會讓人感覺很差，但這是很正常的。不過，如果焦慮開始影響到孩子的日常生活，那就需要和家庭醫生談談。如果孩子是因為學校的事情而焦慮，也可以和校方談談。焦慮感有很多形式，程度也不相同，因此沒有全方位的特效藥可以解決所有的焦慮問題。另外，家長和照護者也可以透過以下資源來尋求協助。

台灣資源

台灣兒科醫學會

https://www.pediatr.org.tw/

(02)2351-6446

兒福聯盟

https://www.children.org.tw/

(02)2799-0333

台灣兒童青少年精神醫學會

https://www.tscap.org.tw/

(02)2568-2083

教育部家庭教育資源網／

全國家庭教育中心資訊

https://familyedu.moe.gov.tw/

412-8185 (手機+02)

❀ 推薦閱讀

《故事藥方：不想洗澡、愛滑手機、失戀了怎麼辦……給孩子與青少年的閱讀指南》（中文版）

The Story Cure: An A–Z of Books to Keep Kids Happy, Healthy and Wise

作者：Ella Berthoud and Susan Elderkin

出版社：Canongate, 2016

《飢餓的焦慮小鬼：管理焦慮的認知行為治療手冊》（無中文版）

Starving the Anxiety Gremlin: A Cognitive Behavioural Therapy Workbook for Anxiety Management

作者：Kate Collins-Donnelly

出版社：Jessica Kingsley Publishers

《像青蛙一樣靜坐：兒童（及其父母）的正念練習》（無中文版）

Sitting Still Like a Frog: Mindfulness Exercises for Kids (and Their Parents)

作者：Eline Snel

出版社：Shambhala

國家圖書館出版品預行編目(CIP)資料

趕走焦慮小怪獸：20種有效的塗寫活動,陪孩子克服上學、交友、課業的焦慮與不安／波比‧歐尼爾（Poppy O'Neill）著；葉妍伶翻譯. -- 初版. -- 新北市: 大樹林出版社, 2023.03
面；　公分. --（育兒經；8）
譯自：Don't Worry, be Happy : a child's guide to dealing with feeling anxious
ISBN 978-626-96773-9-9（平裝）

1.CST: 兒童心理學 2.CST: 心理治療 3.CST: 焦慮 4.CST: 親職教育

173.1   112000716

大樹林學院
www.gwclass.com

大樹林出版社—官網

大树林学苑—微信

課程與商品諮詢

大樹林學院 — LINE

育兒經 08

趕走焦慮小怪獸
20 種有效的塗寫活動，陪孩子克服上學、交友、課業的焦慮與不安

Don't Worry, Be Happy: A Child's Guide to Dealing With Feeling Anxious

作　　者／波比‧歐尼爾（Poppy O'Neill）
翻　　譯／葉妍伶
主　　編／黃懿慧
校　　對／賴妤榛、楊心怡
封面設計／ANCY PI
排　　版／菩薩蠻數位文化有限公司
出 版 者／大樹林出版社
營業地址／23357 新北市中和區中山路 2 段 530 號 6 樓之 1
通訊地址／23586 新北市中和區中正路 872 號 6 樓之 2
電　　話／(02) 2222-7270　　　傳　　真／(02) 2222-1270
官　　網／www.gwclass.com
E - m a i l ／notime.chung@msa.hinet.net
Facebook／www.facebook.com/bigtreebook
發 行 人／彭文富
劃撥帳號／18746459　　　　戶　　名／大樹林出版社
總 經 銷／知遠文化事業有限公司
地　　址／新北市深坑區北深路 3 段 155 巷 25 號 5 樓
電　　話／02-2664-8800　　　傳　　真／02-2664-8801
初　　版／2023年03月

DON'T WORRY, BE HAPPY
Copyright © Summersdale Publishers Ltd, 2018
Text by Poppy O'Neill
All Rights Reserved.
Published by arrangement with Summersdale Publishers Ltd,
through LEE's Literary Agency

定價 台幣／380元　港幣／127元　　ISBN／978-626-96773-9-9

回函贈品

掃描 Qrcode，填妥線上回函完整資料，

即可索取本書贈品「一起玩好好玩！親子遊戲單」。

活動日期：即日起至 2027 年 6 月 30 日

寄送日期：填寫線上回函，送出 google 表單後，

　　　　　在下一頁即可看到遊戲單的下載連結。

★追蹤大樹林臉書，搜尋：@ bigtreebook，獲得優質好文與新書書訊。

★加入大樹林 LINE 群組，獲得優惠訊息與即時客服。

─────────── 贈品說明 ───────────

「一起玩好好玩！親子遊戲單」

設計參考作者 Poppy O'Neill 設計的 Games to play together。

提供 2 款有趣、好玩的遊戲，專為 5 歲以上至成人的 2 名玩家設計。

★適合玩的時機

旅行候機時

用餐等待時

孩子需要保持安靜的時刻

在一起的特別時光